रुके रुके से क़दम...

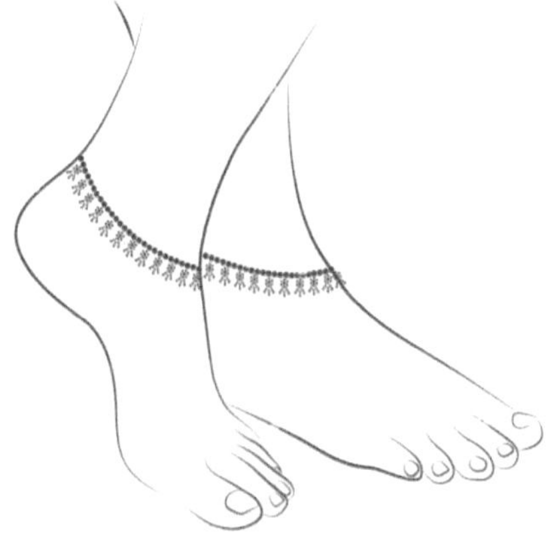

नवीन "बेदिल"

Made with ❤ on the Notion Press Platform

www.notionpress.com

फ़ेहरिस्त (Table of Contents)

तारीफ़ और दिबाचा (Preface)

नज़्में और शायरी हमेशा मेरी सोच और एहसासों को एक नयी दुनिया में ले जाती हैं - एक ऐसी दुनिया जहां मैं आज़ादी से अपने तजुर्बों और सोच की गहराई का पता लगा सकता हूं। यह किताब मेरी ज़िन्दगी के कई धागों से बुनी गई एक टेपेस्ट्री है । हरेक नज़्म, मेरी और मेरी दुनिया, दोनों के तजुर्बों का आईना है।

इन अश्यारों में आपको इश्क़ और विसाल, खुशी और ग़म, और उनके बीच के शांत पलों का सफर करने को मिलेगा। हरेक नज़्म एक स्नैपशॉट है, जो किसी सोच या एहसास के सार को पकड़ती है।

इन नज़्मों को शक्ल देने का काम बेहद मुश्किल रहा है, चूँकि ज़बान पे पूरी गिरिफ्त नहीं थी। इन नज़्मों ने मुझे अपने एहसासों को जमा करने और समझने की इजाज़त दी है, और मुझे उम्मीद है कि उन्हें पढ़ने में आपको अपनी कहानियों और एहसासों की झलक मिल सकती है।

नज़्मों के रूप में, मेरे दिल और दिमाग की सोच के इस सफर में, मैं आपका तह-ऐ-दिल से इस्तक़बाल

करता हूँ। यह किताब न केवल एक शायर के रूप में, बल्कि ज़िन्दगी की, इश्क़ की, पेचीदगियों को समझने वाले एक इंसान के रूप में मेरी तरक़्क़ी को भी आगे बढ़ाती है।

इन सफ़ों की हर नज़्म मेरी रूह का टुकड़ा है, मेरे तजुर्बों, खवाबों और मुश्किलों का आईना है। कुछ अश्यार दिल की गहराईयों से खुद ब खुद उभर आये, जबकि कुछ एहसासों को, धीरे-धीरे निचोड़ के, कागज़ पे सजाया हैं।

मुझे उम्मीद है कि जब आप इन नज़्मों को पढ़ेंगे, तो आपको अपने तजुर्बों और एहसासों की एक हलकी सी तस्वीर दिखेगी। शायरी, जोकि तमाम तजुर्बों से उभरती है, दिल और दिमाग के बीच का एक पुल है, और मैं आपके साथ अपने तजुर्बे और एहसास बांटते हुए फक्र महसूस कर रहा हूँ।

मीर हुए, ग़ालिब हुए, गुलज़ार हुए...
"बेदिल" भी मोहब्बत में बेज़ार हुए...

मेरे साथ इस सफर पर निकलने के लिए शुक्रिया।

आभार (Acknowledgement)

मेरी ये नज़्में और कविताएं, मेरे हौसले, तजुर्बे और कोशिश के, कई पलों का नतीजा है। मैं उन सभी का तह-ऐ-दिल से शुक्रगुजार हूं, जिन्होंने इस सफर में मेरा साथ दिया है।

सबसे पहले और सबसे अहम्, मैं अपने परिवार और दोस्तों को, मेरे काम में उनकी हौसलाअफ़ज़ाई और यकीं के लिए, शुक्रिया करना चाहता हूं। आपका प्यार और एतिमाद मेरे काम की बुनियाद रहा है।

भारत के अच्छा लिखने वाले शायरों को ख़ास शुक्रिया, जिनकी नज़्में और शायरी पढ़ के, समझ के, कुछ अश्यार कहने के क़ाबिल बना हूँ।

अंत में, मैं उन पलों का एहसानमंद हूं, जिन्होंने इन नज़्मों को जन्म दिया क्योंकि हरेक जुमला मेरे सफर का एक अहम् हिस्सा हैं, जिनकी वजह से मेरी ये नज़्में इस शक्ल में आ पायी हैं ।

शुक्रिया...

एहसास

एहसास परेशां कर रहे थे कल रात,
चुभ से रहे थे…

समेट के, बादल की शक्ल दे,
फूँक के उड़ा दिया मैंने…
और तेरी यादों को रख के सिरहाने,
ओढ़ के अपनी तन्हाई का लिहाफ,
बस लेटा ही था, के एक तेज़ हवा के झोंके से,
खिड़की खुल गयी…
महसूस हुआ, जैसे कोई आवाज़ दे रहा हो…

झाँक के देखा तो गली गीली थी…
मेरे एहसासों का वो बादल,
अपना बोझ उतार के,
गुमसुम सा मेरे दरवाज़े पे बैठा था…

रो लेने से भी, कहाँ हल्का होता है ये दिल…
बस कहने की बातें हैं…

अमावस की रात

एक दोराहे पे आके जो राह पकड़ी थी मैंने,
सुनसान सी थी, उजड़ी हुई,
जैसे मेरे माज़ी के तजुर्बों से कढ़ी थी वो राह….
हौसला समेटे, बस चल पड़ा…

कुछ दूर चला तो मायूसी ओढ़े, कुछ ढूंढता हुआ,
एक चाँद मिला राह में,
कुछ बातें की, तो ख़यालात मिले…
साथ ले लिया उसे भी…
ये राह-ऐ-तवील कुछ दूर उसके साथ चलते-चलते,
मखमली सी हो गयी ।

मायूसी के बादल छटे तो, वो चाँद पूरा रोशन हुआ...
जगमगा गया सारा आलम जैसे…
उसकी ठंडी चांदनी में वो सफर खुशगवार हो गया
था…

अपने चाँद को काँधे पे बिठा के उसका माथा चूमता
था मैं…
रोज़ वो थक के, उफ़ुक़ से लुढ़कते हुए मेरी आगोश
में सो जाता था…

हसरतों के निवालों को ख़्वाहिशों की चटनी लगा के
चखते थे दोनों···
रोज़ शाम अपनी उड़ानों के आसमान पे चढ़ के··· हर
वक़्त एक नया ख़्वाब देखता भी था और दिखाता भी
था···
ये लम्बी पूर्णमासी लगता था, ख़त्म ही न हो···

एक मोड़ पे हम जुदा हुए...
मायूस आँखों ने कई वादे भी किये...

पर अब वो चाँद कहीं दिखता नहीं,
और उसकी बाते सुने तो सदियां हो गयी जैसे···

अमावस भी बड़ी लम्बी है इस बार···

अलाव

मेरे अंदर की सुनसान गलियों और कमरों में,
अब कोई नहीं रहता !

रोशनाई भी चश्म ऐ तर के रस्ते बह के,
सूख गयी है शायद...

सर्दियों में अलाव जलाओगी ना?

ये सूखी खोखली टहनियाँ लेती जाओ !

खामोशियाँ

एक सन्नाटा सा था हर कतरे में...
फोन पे तेरी आवाज़ सुनने से पहले...
घंटी बजते ही, माहौल ने अपना उदास सर उठा के
देखा था मुझे...
और तेरी "हेलो" पे तो दिन निकल आया था...
जैसे नरम रौशनी में दो रूहें बातें कर रही हों...
"कैसे हो".... "चल रहा है... बस" !

कुछ छोटे किस्से, कुछ मायूसियाँ, कुछ उम्मीदें...
बाँट लिए दोनों ने...

उस दिन तेरी आवाज़ को आखिरी बार "बाए बाए",
"टेक केयर"... कह के जाते देखा था...

फिर से एक सन्नाटा है हर सू...
टूटे हुए रिश्ते की किरचें,
बिखरी हैं दिल की ज़मीन पे...
एक सन्नाटा मेरे अंदर भी भर गया है...
तेरे आखिरी फोन के बाद...

अब बस खामोशियाँ सुनता रहता हूँ...

भीगी पलकें

एक लम्हा भी तन्हा नहीं रहता मैं !
तेरे तस्सव्वुरों का रेला,
अपने फ़सानों की कहानी,
एक मुलायम सा रिश्ता,
गुज़रे ज़माने की ज़ुबानी...

एक फिल्म सी मेरे ज़हन के सिनेमा घर में चल
रही हो जैसे...
बिना किसी इंटरवल के !

कुछ फुरसत मिले, तो राहत की सांस लूँ...
हिज़्र के ज़ख़मों पे मरहम रख पाऊं...
रिसते रहते है ये... हर वक़्त !

तेरी याद, जैसे टपकती है मेरी चश्म-ऐ-तर से...
बूँद दर बूँद... हर वक़्त !

तू क्या है ?

तू धड़कन जैसी है, नग़मा-ऐ-दिल सुनाती है...
तू वक़्त जैसा है, लौट के नहीं आता है ।

तू नज़्म जैसी है, जो सरकती है साँसों में...
तू तसव्वुर जैसा है, जो हर वक़्त सताता है ।

तू झील जैसी है, जो ठहरी है मेरे अंदर...
तू वो दरिया है, जो हाथ नहीं आता है ।

तू दुआ है मेरी, के क़ुबूल नहीं होती कभी...
तू खुदा सा लगता है, हर सू नज़र आता है ।

तू मुस्कराहट है, जो खो गयी है 'बेदिल'...
तू दिल है मेरा, जो तनहा धड़के जाता है ।

फ़ासला

उस को देखे हुए ज़माना हुआ,
पर मैं उससे जुदा नहीं होता...

तन्हा बैठा हूँ दिल को थामे हुए,
ये इंतज़ार मुक्तसर नहीं होता...

तूने चुपके से ताल्लुक तोड़ लिया,
कह देती, तो ये अंजाम नहीं होता...

तुम गर कहते, हम समझ गए होते,
दूर होते पर ये फासला नहीं होता...

तितलियाँ

तेरे ज़हन के उस खामोश दरीचे से…
मैं जानता हूँ, तू छुप के देखती है मुझे…

मेरी यादों की तितलियाँ, आती होंगी अंदर कभी ?
और मंडराती होंगी कुछ पहर तेरे दरीचे में…
मेरी तन्हाइयों के पोलेन से लदे अपने पैरों से,
तुझे छू कर, तेरी ख़ामोशी लिए, लौट आती हैं मेरे
पास…

अब मैं तेरी यादों की तितलियाँ पालता हूँ !
मेरी तन्हाई के फूलों पे आ के बैठ जाती हैं…
और तेरी ख़ामोशी के पोलेन मेरे आस पास बिखेर
देती हैं !

कमरा भर सा गया है !!!
आजकल, तेरी ख़ामोशी और मेरी तन्हाई बातें करते
हैं…
तेरे बारे में पूछता हूँ इनसे, तो ये भी खामोश है …

पता नहीं ! मेरी तन्हाई तुम तक पहुँचती हैं क्या?

सीप का मोती

अपनी तन्हाई और बेखयाली में,
दरिया किनारे, रेत पे चलते हुए, कुछ चुभा पैर में...
एक टूटा सी-शेल था !!!

दर्द तलवे में हुआ, पर टीस कलेजे पे लगी ...
एक "सीपी" मेरे पास भी तो थी...
मोती की रूह लिए हुए !!!

न जाने कहाँ खो गयी है !!!

दरिया

ये क्या है, जो बह रहा है मेरे अंदर से...
एक दरिया-ऐ-खस्तगी सा है...
जिसका जरिया तुमसे है, पर बह मेरी चश्म रहा है...

बहाओ तेज है ,थमता ही नहीं...
जैसे मेरे अंदर की आंच से, एक गर्म पानी का चश्मा
उभर रहा हो...

इसकी राह में कोई रूकावट नहीं,
कोई मोड़ नहीं, कोई चट्टान नहीं...
कोई नहीं जो इससे बात करे, रोक ले,
मोड़ दे, साथ चले या थाम ले...
बिना उफान, बिना लहरों के,
बिना कलके, ये बह रहा है...

तुम्हारी यादों के दरिया-ऐ-गुज़रगाह से....
बस बहता जा रहा है...बस बहता जा रहा है...

रुके रुके से क़दम

किस क़दर तन्हा है ये रास्ता देखो...

न किसी शाख़ का साया है, न दीवार की टेक...
न किसी आँख की आहट, न चेहरों का शोर...
दूर तक कोई नहीं, कोई नहीं, कोई नहीं...

चंद क़दमों के निशाँ, हाँ, कभी मिलते हैं कहीं,
साथ चलते हैं जो कुछ दूर, फ़क़त चंद क़दम,
और फिर टूट के गिर जाते हैं, ये कहते हुए...
अपनी तन्हाई लिए आप चलो, तन्हा अकेले ।

साथ आए जो यहाँ कोई नहीं, कोई नहीं...
किस क़दर तन्हा है ये रास्ता देखो...

संगम

मेरे कपड़ो में रखा है,
तेरे आंसुओं में लिपटा...
मेरा वो रुमाल...

बहुत अज़ीज़ है मुझे...
तुम्हारी खुशबु, वो छुवन,
मुझे रोज़ परोस के देता है...

और मैं उन तमाम लम्हो, ख्वाहिशों, यादों को...
बुझी हुई आँखों पे रख के,
उनमें बहता रहता हूँ...

कुछ आंसू मेरे भी हैं अब उसमे...
पर एहसास दोनों का है !

ये संगम... आ के देखो कभी !

कुछ लम्हें

एक लम्हे की बात है, जब तुम अपनी सी लगी थी...
उस एक लम्हे से तमाम लम्हे जुड़ते गए,
और एक कहानी की शक्ल हुई...

वो कहानी, वो फसाना, जो अपनी दास्ताँ थी,
उस दास्ताँ के हर लम्हे में अपनी ख्वाहिशें,
अपनी तमन्नाएँ, अपने अहद, अपने सपने,
अपनी नाकामियां, और अपनी बेइंतेहा मोहब्बत...
बस !

इसी मोहब्बत की नांव में,
ख्वाहिशो के दरिया पे, हम बहते गए...
हर लम्हे का एहतराम करते हुए...

जिन लम्हो में हम जुदा भी थे, फिर भी,
इश्क़ के रेशमी धागे ने हमें बांधे रखा...
वो तस्सवुर के लम्हे...
वो हिज्र के लम्हे...
वो दुवाओं के लम्हे...
सब मिल के, लम्हा-लम्हा मोहब्बत को पुख्ता करते
गए...

आज इस लम्हे में, मैं वो सारे लम्हे तलाशता हूँ...
वो अपनी ख़्वाहिशें, अपनी तमन्नाएँ, अपने अहद,
अपने सपने, अपनी नाकामियां, सब तो हैं...

लेकिन इन लम्हों में,
तुम नहीं हो...
अपनी वो मोहब्बत नहीं है...
तुम्हारी आवाज, तुम्हारी मुस्कराहट नहीं है...

सबसे बेरहम, सबसे सख्त है ये लम्हा मेरे लिए...

बस यूँही...

मेरे कदम तेरे घर की ओर जाते हैं...रोज़...
ऐसे ही मिट मिट के जिए जाते हैं...रोज़...

चश्म भीगी है, दिल नाशाद है, के तू नहीं...
आरज़ू का दिया जलाते हैं, बुझाते हैं...रोज़...

क्या है सच, क्या सही, ये इल्म है हमे...
दर्द ए दिल छुपाते हैं, मुस्कुराते हैं...रोज़...

तीर-ए-आतिश-ए-तस्सवुर जलाता है हमें...
हम रो-रो के उस आग को बुझाते हैं...रोज़...

वो हैं गुम, अपनी ही खुदनुमाई में, क्या करूँ...
देते खुद को हौसला, खुद को समझाते हैं...रोज़...

अब तो, 'बे-दिल', रिहाई का सबब दे, ए खुदा...
तेरी खामोश बेरुखी के नश्तर जलाते हैं...रोज़...

हिचकी

तस्सव्वुर में उसके, मैं तन्हा हूं बेदिल,
एक हिचकी उसको भी, आई तो होगी ।

चश्म भीगी सी है, गम-ए-मोहब्बत में,
एक सिसकी उसको भी, आई तो होगी ।

वो तन्हा है, मेरी तरह जानता हूं,
वो है बेवफा, ये नही मानता हूं,
मजबूरियों में, जुदा हो गए हैं,
याद उसको भी मेरी, आई तो होगी ।

एक हिचकी उसको भी आई तो होगी...
एक सिसकी उसको भी आई तो होगी...

धुंआ

तुम्हे सोचते सोचते,
अभी सिगरेट बुझा के फेंकी थी...

पूरी बुझती नहीं कभी कभी...
कुछ आग रह जाती है...
और देर तक धुआं उठता रहता है...

मैं भी सुलग रहा हूँ शायद...
बुझा नहीं अभी तक...

सिसकियाँ

आज कुछ बिखर के टूट गया मेरे अंदर...
एक रिश्ता ऊँगली छुड़ा के गया है !

आंसू बहते रहे और सांस थम सी गयी,
कुछ ख्वाहिशों का क़त्ल हुआ है आज...

बहुत चीखा, तमाम आवाज़ें दी उसको,
पर इस अधजली लाश की,
सिसकियाँ नहीं सुनी उसने,
शायद हालातों के शोर ने बहरा कर दिया था...

देखो, मैं कब पूरा जलता हूँ...
देखें, वो कब सुनता है सिसकियाँ मेरी...

दर्द का रिश्ता

एक एहसास लिपटा हुआ है मुझसे...

जैसे ओस,
एक पत्ते से लिपट जाती है...
और रुलाती है उसे...

कुछ दर्द है मुझे भी आज...
एहसास तुम्हारा है...
ख्वाहिश तुम्हारी है...
लेकिन दर्द..
वो तो मेरा अपना है ना...

एक रिश्ता

एक रिश्ता तो है...
ग़म का हो या खुशी का...
एहसास है तो सही...

जब कभी खुशी से सीना फूल जाता है,
तुम्हारी याद ही तो बस्ती है इसमें...
और जब कभी मायूस होता हूं,
तो जुदा सी लगती हो मुझसे...
कभी जब आंसू आते हैं तुम्हे,
भीग जाता है जहन मेरा...
और जब मुस्कुराती हो तो हंसता हूं मैं,
न जाने क्यों...
जब कभी याद आती हो, तो मायूस सा रहता हूं...
खामोश हो, साथ नही हो, तो तन्हाई चुभती है...
अपना माथा टटोलता हूँ...
कब से अकेला है, तन्हा और मायूस...
तुम्हारा होता तो चूम लेता ...

तुम होती तो ऐसा होता, वैसा होता...
नही हो, तो भी एक रिश्ता है तो सही...
गम का हो या खुशी का...
रिश्ता है तो सही...

सेहरा की रेत

खुश्क लबों पे नूर-ऐ-इश्क़ की जुस्तुजू लिए हुए...
अपनी तन्हाई के सेहरा में भटकते,
तुझे ढूंढ रहा था...
के एक सराब के जैसे, तुम मिली थी मुझसे कल...

दो घड़ी बात की, मेरी सुलगती रूह को भिगो सा
दिया !
तृष्णागी-ऐ-लब-ओ-जान-ओ-इश्क़ थी,
सो बढ़ चला मैं तेरी ओर,
और तू फिर से सिमटती गयी...
फिर से सराब की जगह, सेहरा की गर्म रेत थी...
कुरेदते हुए उसे फिर तलाशता हूँ तुझे...

फिर से तू ओझल...
फिर से तू खामोश...
फिर से मैं तन्हा...

आगाज़

अब तेरा साथ नहीं, बस एहसास रह गया,
एक अपना सा दर्द, दिल के पास रह गया...

तराने इश्क़ के सब बह गये समंदर में,
साहिल पे सिर्फ टूटा, दिल-ए-साज़ रह गया...

छुपाता हूँ खुद को उनसे, ज़माने से अब मैं,
दिल में टूटे हौसलों का, एक राज़ रह गया...

जिस इश्क़ को अंजाम तक ले जाना था हमें,
उस इश्क़ का, 'बे-दिल', आगाज़ रह गया...

बारिश

कल, बारिश हुई थी यहाँ...जैसे तपते रेगिस्तान में,
कोई नेमत बरस रही हो...
वो बूंदे नहीं थी, लम्हे बरस रहे थे जैसे...

हर बरसती बूँद में अपना अक्स दिखाई देता था...
बरसती उन बूँदों की कल-कल,
जैसे धीरे से तुम कुछ कह रहीं थी...

एक सर्द-मेहर बौछार भिगो जाती थी...
जैसे तुम्हारे नर्म हाथ छू के निकल गये हों...

हर बूँद में हमारे इश्क़ का नूर था...
मैं उन सारी बूँदो को, उन लम्हो को,
अपने दिल के कैनवस पर उतार लेना चाहता था...
महताब का अक्स था हर बूँद में...
या तुम्हारा चेहरा...

तुम थी वहीं पे...मैने शफक़ की मध्यम रोशनी में,
तुमको महसूस किया था...
अपनी हथेलियों में वो बूंदे भर के,
तुम मुझपे छिड़क रहीं थी...

और मैं उन बूँदो से, उन लम्हो से, सराबोर हो रहा
था...
जब बिजली चमकी, तो लगा जैसे तुमने आँखें खोल
दी हों...
तेज़ हवा के झोंके में, तुम्हारी खुश्बू थी हर सू...
सच कहूँ...मैंने तो दुआ भी माँगी, की एक बार तो
बिजली ज़ोर से कड़के...
और तुम घबरा के करीब आओ तो मेरा वो एहसास
यकीं में बदल जाए...

वो बारिश देर तक रुकी नही...
लम्हे बरसते रहे रात भर...और बहते भी रहे...
मेरी हसरतों के बुलबले कई बार,
उन लम्हों से उभर के उपर आए...
कुछ दूर तक बहते भी गये....
फिर रात के साथ साथ वो भी टूट गये...

फिर बारिश की राह देखता हूँ...
फिर उन लम्हों, उन ख्वाहिशों के साथ बहना चाहता
हूँ...

कभी यूँ भी हो

सोचता हूँ, कभी यूँ हो...
के तुम मिल जाओ मुझे कहीं...
तो बिठा के सामने कुछ पलों के लिए...
बस देखूं तुम्हे, कोई बात नहीं, बस देखता रहूं...

ज़हन के फीके पड़े कैनवस पे,
फिर से अक्स पड़े तुम्हारा...
तुम्हारी यादों के ब्रश से,
कुछ नए रंग, नयी आरज़ुएँ भरूँ...

तुम्हारी खामोश मुस्कराहट का वर्क चढ़ा के उसपे...
अपने रिश्ते की सरहदों के फ्रेम में क़ैद कर के...
टांग दूँ तुम्हारी ख़ामोशी की कील पे...
अपने तन्हा दिल की...
वो सामने वाली खाली दीवार के बीच में...
जहाँ से मेरी टीस महसूस हो इसे...
और तुम्हारी तस्वीर, वहां से कुछ कहे मुझसे, बात करे...

कुछ अपनी कहे, कुछ मेरी सुने, बस...
कभी यूँ भी तो हो...

एक ख्याल हो

सोचता हूँ तुझे, एक ख्याल हो,
सेंट में भीगा रेशमी रुमाल हो...

मैं तन्हा रात सा, बेरंग हूँ,
तुम मलमली सा गुलाल हो...

मैं नेमतें तलाशता रहता हूँ,
तुम नेमतों का ही कमाल हो...

मैं खुदा तलाशता हूँ हर तरफ,
तुम उसी का ही तो जलाल हो...

'बेदिल' की ईमारत-ऐ-इश्क़ की,
तुम अकेली ही तो मिसाल हो...

नेमतें

कल नेमत बरसी थी आसमानों से,
शक्ल तो बारिश की थी,
पर एहसास तुम्हारा ही था...

आज फिर से टपक रहा है मौसम...
नमीं भी ज्यादा है और तुम्हारी कमी भी...
हवा लिए फिरती है तुम्हारी खुशबु मेरे आस पास...
और बौछारें तुम्हारी छुवन के तस्सवुर सी लिपट
जाती हैं मुझसे...
दूर तक अब्र में चेहरा है तुम्हारा... बस...

ये बारिश ही अपनी सी लगती है...
मेरी चश्म-ए-तर से मिल के...
मिल जाती है फिर से मिटटी में...
तुम्हारी एक नयी याद उगाने की लिए...

सेहर

कल शाम जब वो आयी थीं,
अपनी ख्वाहिशें गिनते बैठे थे दरिया किनारे…
लहरों की तरह, बार बार ख्वाब छू के गए हमें…
उसकी हल्की मुस्कान के पीछे छुपा वो दर्द…
बहुत कुछ कहना चाहता था…

एक अजीब सी कैफियत में थे दोनों…
फिर वो रो पड़ी, दरिया भी कुछ पीछे हो गया…
उसे थामे, सिसकियाँ गिनता रहा रात भर…

सुबह तक मुरझा सी गयी थीं वो…
उठा के पलके हलके से देखा मुझे,
आँखें नम थीं, रौशनी घटती हुई …
रोशन चिराग में, कोई पानी भर दे जैसे…

सहर नहीं हुई उस रोज़…
सुबह नहीं हुई आज तक…

ओस की बूँदें

कल एक कागज़ पे तुम्हारे नाम से,
एक नज़्म इब्तेदा की थी मैंने...

ख्यालों के हुजूम में,
लफ्ज़ सरकते रहे सांसों में मेरी...
मिसरे ज़ुबान पे आके रुक से गए...
नज़्म कैसे पूरी होती तुम्हारे नाम की,
अब क्या लिखता...
बस पीछे अपना नाम लिख के छोड़ दिया...

सुबह उठा तो कागज़ नहीं था टेबल पे...
एक कतरा राख...
और कुछ पानी की बूंदे,
मुझको देख रही थीं...

कागज़ पे वो नाम, कल मिले थे शायद...
आरज़ुओं और ख्वाहिशों को जला के,
अपने एहसासों में भीगे होंगे...बह गए होंगे...

उन बूंदों से फिर से तेरा नाम लिखा है...

तलाश

कल तुमको फिर देखा था ख्वाब में..
अकेली थीं और परेशां भी,
बदहवास सी, कुछ ढूंढती फिर रही थीं,
अपने बैग में, जेबों में, अपने आस पास…

उफ़…
तुम्हारी ये 'कुछ भी' खो देने की आदत नहीं जाती…

तुम्हे सँभालने बढ़ा, तो आँख खुल गयी…
अपने आस पास देखा…
तो सन्नाटे और तन्हाई के सिवा कुछ नहीं…

शायद मैंने भी कुछ खो दिया है…

राह ऐ इश्क़

वो राह-ऐ-इश्क़ थी, और वो दोनों,
चलते थे ख्वाबों के बादलों पे...
थामे जूनून-ऐ-मोहब्बत का हाथ...

जहाँ खुशबु तमन्नाओं की फैली थी हर सू...
और उम्मीदों से लदी डालों पे,
गुंचे मुस्कराहट के सजते थे,
जो झुक के उनके माथे चूमा करती थी...

उफ़ुक़ पे बैठा चाँद,
बिखेर देता था, एक रूहानी मोहब्बत की चांदनी...

ज़माने हुए वो चांदनी देखे अब तो...
अब सिर्फ सूखी गर्म रेत है उस राह पे...
देखो तो एक अकेला तन्हा सा शक़्स,
कभी-कभी गुज़रता है वहां से...
कुछ ढूंढते, बटोरते, कुछ बड़बड़ाता हुआ...

अधूरे इश्क़ का सताया लगता है...
कोई "बेदिल" शायर होगा, शायद...

पुराने मौसम

ये जो कमरा है मेरा,
इसकी वो दायीं तरफ वाली खिड़की से...
सुबह धुप आ के जगाती थी मुझे...
हौले से माथे को चूम के...

और मुलायम हवाएं दरवाज़े से आके,
लिपट जातीं थी मुझसे...
ये मेरा कमरा महकता था...
तुम्हारे तस्सव्वुर की खुशबू से...

काली घटाएं, रोशनदान से आके,
भिगो देती थीं...तुम्हारी यादों में...

सारे मौसम थे मेरे इस कमरे में...

सड़क के उस पार, की कुछ ऊँची इमारतों ने,
मेरे इस कमरे को,
मेरे दिल के जैसा,
वीरां कर दिया है अब...

न धुप, न हवाएं, न घटाएं, न तुम...

बस कुछ पुरानी यादें झांकती रहती है खिड़की से...
और आरज़ुएँ दरवाज़ा खटखटाती रहती हैं...

मैं तो खोलता भी नहीं अब...
रोशनदान से तो तन्हाई बरसती है यहाँ...

पुराने मौसमों को पुकारता भी हूँ तो,
मेरी आवाज़ पलट के, मुझसे ही आ झगड़ती है...

मेरी आवाज़ भी नहीं जाती उन पुराने मौसमों तक...
वो पुराने... तेरे मेरे... खुशनुमा मौसम...

मुट्ठी भर तमन्नाएं

बैठा रहा मैं बांधे मुट्ठी सारी रात...
के लम्हे जो दिल-ऐ-अज़ीज़ हैं, कहीं फिसल न जाएँ...
यादों के ताने बाने में, हर लम्हे को फ़साये रखा...
आखिरी आस की, उस लौ को जलाये रखा ...

तन्हाई की हवाएं, सर्द भी थी, और तेज़ भी,
फिसलने लगे, वो लम्हे हाथों की लकीरों से...
और एक-एक कर के, पलकों से यादें टपकने लगीं...

हथेलियों से चश्म-ऐ-नम जो पोछी तो,
किस्मत की लकीरों में बहते हुए,
यादों के लम्हे घुल से गए...
और सरकते गए मेरे हाथों से...
मैं देखता रहा उन को मायूसी से...
फिर से भागा उन लम्हो को पकड़ने...

पर तुम्हारी ख़ामोशी की नमी फैली थी हर तरफ...
सब कुछ फिसल गया...

बस एक तन्ज़िया सी हंसी सुनाई देती है...
तमन्नाओं की मुट्ठी खुल के,
जैसे, हंस रही हो मुझपे...

अँधेरा

शाम से एक काली धुंध सी,
बह आती है, तुम्हारी यादों के पहाड़ों से,
धीरे धीरे सब एहसासों के रंग बदल जाते हैं,
ख़ामोशी का लिहाफ ओढ़े,
गर्म साँसें रूकती चलती रहती हैं...

रात होते ही, मेरे कमरे में,
अँधेरा निहाँ हो जाता हर तरफ...
स्याह रात बह के आ गयी हो कमरे में...
जो फैल जाती है हर ओर,
बेलों के माफ़िक़,
दीवारों पे भी चढ़ जाती है...

मेरा वो कमरा, जैसे...
एक खामोश अँधेरी झील...
जो तन्हाई का आसमां ओढ़ के...
सदियों से, एक सुनहरी सहर के इंतज़ार में,
सुलगते सुलगते स्याह पड़ गयी हो...

इंतज़ार

सुना है, बारिशें बस अगले मोड़ पे हैं यहाँ,
कुछ सूखी मुरझाई मोहब्बतों पे,
नए एहसास खिलेंगे अब...
तमाम नयी इश्क़ की कोपलें फूटेंगी,
कुछ नए रिश्ते उगेंगे...

अपनों से जुदा,
कुछ सूखे हुए लम्हे बह जायेंगे दूर...
ख़्वाहिशों के उस दरिया में,
कुछ रिश्तों का, अस्थि विसर्जन होगा...

सुलगते हुए अरमानों को,
सूखी तमन्नाओं के पत्तों से ढांप,
कुछ ठूँठ, तन्हा खड़े रह जायेंगे...
शायद कोई बिजली इन्हे जला के भस्म करेगी,
या इनकी तन्हा, खामोश मोहब्बत,
बारिशों में धुलकर...
फिर से कुछ टूटने वाले ख्वाब उगायेगी...

बारिशों का इंतज़ार है, फिर से...

मुंडेर का चिराग

अपने खुलूस का वो चिराग,
जल रहा है मेरी मुंडेर पे... अब तक...
जो दोनों ने हाट से,
एक मिटटी का दिया लेकर जलाया था...

तुम्हारी खामोश हवाओं में लहराता, फड़फड़ाता हुआ,
तुम्हारी बेरुखी के थपेड़ों में अपने इश्क़ की लौ
संभाले हुए,
तुम्हारे तसव्वुर में डूबा,
कभी चमक उठता है... तुम्हारी खुशबु पकड़ने,
तो कभी मध्यम हो कर सोचता रहता है तुमको...

पूरा जिस्म जल के, तन्हाई में,
काला पड़ गया है इसका...
पर वो आस की लौ, अभी भी सांस ले रही है...

मेरे हाथ नहीं पहुँचते,
उस तमन्ना की ऊँची मुंडेर तक,

तुम आ के एक बार... बस...
फूंक के बुझा दो इसे...

लेके काला टिका इसकी बुझती लौ से...
अपने चाँद से माथे पे लगा लेना...

- 47 -

और गिरा देना, जिस्म इसका, मुंडेर से,
के मिल जाये फिर से मिटटी में...

चश्म ऐ नम

मेरी तन्हाई का ही झोंका होगा,
जो कैनवस पे,
तुम्हारा एक अक्स सा बना गया है...

कुछ तिरछी सी होके, जैसे तुम मुझे गुमसुम देखती
रहती हो...

गए मौसमों में, ये दीवारें खुशनुमा थी...
इस बार बारिशों में नमी बहुत है...
सीलन सी है दीवार और दिल पे ...
कुछ दरारें भी उभर आयी हैं अब तो...
और नमीं बहती है ऐसे,
जैसे तुम्हारी याद में चश्म-ऐ-नम बहती है...

तुम्हारी खुशबु भी हवा में रुकी-रुकी सी है...
मेरी वाक़िफ़ थी पहले, अब आती नहीं मेरे पास...
पहले मुझसे लिपट के, उड़ा ले जाती थी अपने साथ,
और हौले से छूती थी ऐसे, जैसे मेरे माथे से तुम
पसीना पोंछ रही हो...

गए सालों की बारिशें बातें करती थी...
उसके सुरों के साथ हम भी बहते जाते थे...

इस बार बारिशें भी गुमसुम सी हैं...
चुप चाप सिसकियाँ लेती रहती हैं ....

सब कुछ रुका-रुका सा है...
न दिन उगता है यहाँ न रात होती है...

शायद वो मेरी तन्हाई ही का झोंका था...
जो कैनवस पे,
तुम्हारा एक अक्स सा बना गया है...

उसका शहर

एक झुलसी हुई ख्वाहिश...
कुछ दबे हुए अरमान...
बस इसी सिलसिले में गया था उसके शहर...
एक खुशबु, एक एहसास तलाशता,
तमाम सड़कों और गलियों से गुज़रा मैं...
के कहीं एक झलक देख लूँ उसको,
या वो खुद-ब-खुद दिख जाये,
शायद गुज़रे मेरे पास से...

एक खोया हुआ रिश्ता तलाशता था मैं...
जैसे एक उम्मीद अपने टुकड़े तलाशती है...

उसकी तरह, वो शहर भी खामोश सा था...
न वो खनकती हुई हसीं... न वो चहकती हुई चाल...

उसे ढूंढता हुआ, खामोशियाँ बटोर के... मायूस वापस
आ गया...
अपनी तन्हाई की ऊँगली थामे...

तुम नहीं आये

आज की बारिश भी अजीब थी...
कुछ मिसरे टपके, कुछ मख़्ते...
अश्यार तो बहते ही गये...

जब मख़्ते सोच रहा था, तो ज़हन में तुम ही थी...
दूर थी...पर मेरे दिल के सेहन में तुम ही थी...
अश्यार बरस रहे थे फूलों की तरह...
मेरे दिल से निकलती वो हर एक सोच...
गमगीन थी...

अश्क़ और तमन्नाएं सम्हालते सम्हलते ...
मेरे हाथ और चश्म दोनों सुख हो गये...

तन्हाई की सर्द हवा में,
एक तिठुरते झोंके ने सहारा दिया...
अकेलेपन का एहसास और क्या होगा...

उस सर्द तन्हाई में,
अश्यारों का चेहरा भी सुफेद हो चुका था...
मख़्ते का उनवान था दर्द...तन्हाई...
लम्हे रो के सो गये...तुम नही आई...

जब आँख खुली, तो चेहरा सुर्ख था...
गर्म आँसुओं से धुल के...
जैसे नया कुछ लिखना हो उस वाइटबोर्ड पे....

याद आई वो कल की रात...
के कुछ अरमानों के अश्यारों को...
तुम्हारे तस्सव्वुर की शक्ल दी थी मैंने...

जो लिखी हुई नज़्म पलट के देखी,
तो अश्यार धुंधले से थे...

बस एक चेहरा चमक रहा था...
कुछ ख्वाहिशों में लिपटा हुआ...

गूंजते सन्नाटे

गूंजते हैं रात के सन्नाटे इस तन्हाई में...
ये सर्द हवा, ज़ख्म-ए-दिल चीर के निकलती है...

हज़ारों खुशियों के पल...
पल-पल कर के बेमानी हो गये
जिस्म ओ दिमाग़ सर्द हैं...
कोई आग नहीं, कोई आतिश नहीं...
तन्हा, चुपचाप तुम्हारी याद के साथ बैठ जाता हूँ...
और फूंकता हूँ धमनी से अपने अलाव की आग...
तन्हाई और उदासी की सर्दी में,
कुछ तो गर्माहट रहे...

तुम्हारी खामोशी से मायूस,
मैंने माज़ी के खुशनुमा लम्हों को...
ओस बना के हाथों से गिरा दिया उस अलाव में...
और तेरी बेरुखी के सायों से छिपने के लिए,
ओढ़ लिया अपनी तन्हाई को चादर बना के...

तुम्हारी जुस्तजू में उलझा,
फूंकता रहा धमनी से अपने अलाव की आग को...

शायद कोई चिंगारी उड़ के छू ले तुम्हे... कभी तो...

एक आहट

एक आहट पे उठा मैं,
एक आवाज़ ने जगा दिया मुझे..

तेरा तस्सुवर ओढ़ के,
ले के यादें आगोश में,
तेरे एहसास को फिर से छूना था आज..
के एक आहट, एक आवाज़ ने, जगा दिया मुझे..

वो आवाज़ तेरी थी,
वो आहट मेरे दिल की..
एक ही तरन्नुम में थे दोनों...

और तू मेरे दिल के झरोके से झाँक के,
किताब ऐ दर्द के सफे,
पढ़ती भी रही, और फाड़ती भी रही..

हाथ थाम के तेरा,
चूम के पेशानी अपने चाँद की,
तेरी धड़कन पे लगाम दी मैंने..
जिसकी आवाज़, कहीं मेरे अंदर से आ रही थी..

आज वो सिर्फ आवाज़ नहीं थी, एक एहसास था..

जिसने जोड़ रखा था हमारी धड़कनो को..
और जिससे हम जुड़े हुए थे..

- 55 -

कभी कभी ऐसे ही आ जाया करो...
आवाज़ और एहसास के साथ...
कभी कभी... यूँही...

यादों की लहर

एक ख़ूबसूरत ख़याल सी हो तुम,
हर वक़्त सताती हो ...

एक यादों की लहर जैसे,
हर पल टटोलती हो मुझे,
भिगो के मुझे एहसास-ऐ-माज़ी में ,
खवाहिशों का नमक छोड़ जाती हो,
एक ख़ूबसूरत ख़याल ...

सहर में बजती हो अज़ान सी,
दुआ में हाथ उठ ही जाते हैं,
साथ रहती हो आयतें बन के,
सजदे में जिनके रहता हूँ हर पल,
एक ख़ूबसूरत खयाल ...

मंदिर की यज्ञ आरती सी,
घुलती हो सासों में हर शाम
दीयों की लौ बन के आँखों में
शब् ऐ तन्हाई में जलाती हो मुझे
एक ख़ूबसूरत ख़याल ...

चाँद के उफ़ुक़ पे आते ही,

चांदनी बन के बरस जाती हो,
और जुगनू सी नज़र आके एक पल,
फिर से गुम उन ग़मगीन अंधेरो में,
एक ख़ूबसूरत ख़याल

एक ख़ूबसूरत ख़याल सी हो तुम,
हर वक़्त सताती हो ...

भीगी रूह

फुहारों के इंतज़ार में दोनों तरसे थे...
और अब्र इस बार, समेट के तमाम ख़्वाहिशें,
भिगो गयी थी उन दोनों को...

बहते पानी में अक्स आसमान का,
और फिर अपना चेहरा,
देख के गुमसुम हो जाती थी वो,

और मैं, के उसके रुखसार पे,
उन बहती, मचलती, इठलाती हुई बूंदों को...
वो बूँदें, जो टपक के उसकी ठोड़ी से,
ख़ुदकुशी करना चाहती थी...
मैं उनको बीच से ही, हथेली में ले के,
अपनी कमीज की ऊपर वाली ज़ेब में भर लेता था...
मेरे खुश्क दिल पे कुछ नमी सी छिड़क जाती थी...

उन फुहारों में भीगे थे दोनों...
तन से भी और मन से भी...

नमी अब तक टपक रही है चेहरों से...

हर वक़्त

ये कौन है, जो हर वक्त साथ है मेरे...
तन्हा हूं या महफिलों में... दर्द में या कहकशों में...
ये कौन है...जो साथ है मेरे...

हर शै में अक्स है उसका...
ख्यालों में रक्स है उसका...
वो अंधेरों में भी दिखाई देता है...
गहरे सन्नाटों में भी सुनाई देता है...
ये कौन है... जो साथ है मेरे...

वो है हमदम, हमख्याल सा है...
वो है हर जगह, ज़वाल सा है...
बढ़ाऊं हाथ तो, एक एहसास है...
सोचूं उसे, तो कितना पास है...
ये कौन है... जो साथ है मेरे...

बेख़याली में भी उसका ख्याल है...
अज़ीज़ है तो दूर क्यों, ये सवाल है...
नवाजे मुझे, दुआ में हाथ है मेरे...
ये कौन है जो हर वक्त साथ है मेरे...

ये कौन है... जो साथ है मेरे...

शब् ऐ तन्हाई

कल, शब् बहुत तन्हा थी... बहुत उदास...
समेटे अपने अंदर उन इंतज़ार के लम्हों को,
टिकी रही रात भर...
और छलक पड़ी सहर के आते ही...
जैसे रौशनी में उसका दर्द ज़ाहिर हो गया सब पे...

सुबह से ये मौसम टपक रहा है,
एक ही लए पे बरस रही है चश्म-ऐ-तर...
जैसे यादें टपक रही हों मेरी पलकों से...

अपने टूटे हुए हौसले, और बदन में कुछ रुकी हुई,
उदास साँसों का अलाव जलाये,
बुझती आँखों से, किताब-ऐ-दर्द के सफे पलटता रहा...

शायद, किसी सफे में तेरा रखा हुआ सूखा पत्ता मिले...

शायद... फिर से एक ख्वाहिश चमके इस बुझते मौसम में...

हवा का झोंका

छत की मुंडेर पे बैठा,
दूर दरीचों में बस युहीं, कुछ ढूंढ रहा था…
के एक खुशबु ने आके चौंका दिया मुझे…
सबा न जाने कहाँ से ले आई थी उसे…
भर के सांस सीने में,
जैसे बादबाँ भरते हैं कश्ती के…
ला के छोड़ दिया अपने मायूस कमरे में…

अब मैं तन्हा नहीं रहता…
तुम्हारी खुशबु जो साथ है मेरे…

काश, किसी रोज़,
कोई हवा का झोंका, ले आये तुम्हे भी…

बदलते मौसम

मौसम बदला बदला है आजकल यहाँ...
कुछ हलकी फुहारें,
हौले से बजती हैं खिड़कियों पे...
अंदर झाँक के बहते बहते,
एक अक्स खींच के, संदेसा लिख के,
छुप जाती है उसी खिड़की के नीचे...

पास जाके देखा तो,
अक्स तुम्हारा था...
और पैगाम तेज़ बारिशों के आने का था...

सुनो, अब तुम भी आ ही जाओ...

अक्स

शब् ने उढ़ा के काली चादर,
थपकियाँ दे के ख्वाहिशों को,
बस सुलाया ही था मुझे...
के एक ख्याल की गुनगुनाहट से..
तेरा अक्स सा बन गया,
वो सामने वाली खिड़की के शीशे पे...

तमाम रात,
वो चाँद, देखते बीती है मेरी...

सिसकते क़दम

साहिल की वो बेरहम लहरें,
पैरों से लिपट, आंसुओं के साथ,
माज़ी के लम्हो का नमक मल जाती हैं...

तुम्हारी बेरुखी की दरारें,
आ के बस गयी हैं मेरे तलवों में...
और जलती, सिसकती रहती हैं...

जब माज़ी के लम्हो का नमक रगड़ता हैं उनसे...
आरज़ुएँ लहूलुहान हो के रिसती रहती हैं...

और मैं, अपने बुझते हौसले से, चलते रुकते...
उफ़ुक़ पे बैठे चाँद से,
कुछ ठंडी राहतें मांगता हूँ...

अपने सिसकते, रिस्ते कदमों से,
बस चला जा रहा हूँ...
अपने चाँद की ठंडी राहतों की तलाश में...

बस एक एहसास

तन्हाई में एक एहसास हो तुम...
लगता है, कितनी पास हो तुम...

नर्म धूप बह के,
दीवार से उतरती है जब आंगन में,
तुम्हारे आमद की आहट सी बजती है,
उस की गुनगुनाहट में कुछ लम्हे सेंक लेता हूं मैं...

पुरवाई जब पेशानी छू के, लिपट जाती है मुझसे,
भर लेता हूं सांसों में,
तुम्हारी खुशबू, सरकती रहती है देर तक मेरे अंदर....

बूंदे बारिश की, जब बजती हैं छत की मुंडेरों पे,
तुम्हारी आवाज़ की खनक सी, भिगो जाती हैं मुझे,
हर कतरे में अक्स छलकता है तुम्हारा...

तन्हाई में एक एहसास हो तुम...
लगता है कितनी पास हो तुम...

सफर में हूँ

एक बूंद...उतर के शबनम सी,
या जमीन से उठ के...
चल निकलती है किसी रोज़,
कुदरत के फरमान पे...

बन के धारा, बहते हुए, अपना वजूद तलाशती है...
ऊंची नीची पगडंडियों से होके,
कभी सहल, कभी तवील रास्तों पर,
चलते, सम्भलते, बहते हुए,
पुरानी मझदारों को पीछे छोडते,
नए साहिलों का हाथ थामते,
बहती जाती है ... बढ़ती जाती है ..

वक़्त के साथ रूप, यौवन, हौसला बदलते हुए,
बूंद से एक चंचल धारा... से एक युवान नदी...
फिर... गुरूर भरा उफनता दरिया...
सफर लंबा और तवील है..

महौल और परवरिश की कमी,
कुछ को सुखा देती है सर उठते ही...

और कुछ, बीच राह में दम तोड़ देती हैं...

लेकिन, कुदरत थामे रहती है,
बेबाक बहने वालों को..
रास्ते बनाती है,
उसके वजूद तलाशने के,
उसे समंदर तक पहुँचाने के…

हम अभी सफर में हैं…

सोलमेट (Soulmate)

अंग्रेजी में शायद "सोलमेट" कहते हैं...
"जान" ज्यादा ख़ूबसूरत है...
ज्यादा प्यारा...बहुत अपना सा,
अपने अंदर का, एक अपना ही हिस्सा हो जैसे...

उस लम्स का एहसास, उस नाम की मिठास,
सारी तिशनगी मिटा देती है...
अपने नाम पे मुखातिब होती हो,
तो वीणा सी बजती है...
रूठती हो कभी, तो सांस रुक सी जाती है...
पर ये अलक़ाब उस ना-इत्तेफ़ाक़ी को,
मोम बना के पिघला देता है...
क्योंकि इश्क़ रुकता कहाँ है...

ये वो मौज-ऐ-दरिया है...
जो रास्ते बना ही लेता है...

क़दमों के निशां

एक पूरी उम्र गुज़री है...
तेरे साथ के कुछ पलों में...
हवाओं पे पांव रख के,
ख़्वाहिशों के अब्र पे बैठी,
बह के आयी थी मेरे वीराने में तू...

तमन्नाओं की तपती ज़मीन पे,
इश्क़ की बूँदें बरसाई थीं...
रुमानियत की फुहारें भिगो गयी थीं...
माज़ी के लम्हे लबों से चुन के,
सजाये थे एक दूसरे के माथे पे...

राह-ऐ-चश्म से दिल में उतरे थे दोनों,
बैठ के अधूरे रिश्ते के साहिल पे,
अपने खोये हुए मोती बीनते रहे...

ये वक़्त भी तो रुकता नहीं,
फिसल जाता है किस्मत की लकीरों से...

और हथेलियों की उलझी हुई राहों पे,
तेरे क़दमों के निशां तलाशते हैं हम...

उसकी गली

अब हर रोज़, ना जाने क्यों, अपना रास्ता बदल के,
उसकी गली से गुज़रता हूँ...शायद...वो हो वहाँ,
दर्द-ए-ज़ख़्म-ए-दिल की कुछ तो दवा मिले...

वो जानी पहचानी सुनसान गली...
और उसके घर के नुक्कड़ पे,
वो बेपरवाह सा एक खंबा...
जिस के आसपास रुक के,
मैं उसका इंतेज़ार करता था, उसकी राह देखता था...

वो जब आती थी तो वो बेनूर गली,
जैसे महक उठती थी...
एक मुस्कुराहट-ए-इश्क़,
मेरे चेहरे पे अफ़शां हो जाती थी...

अब गुज़रता हूँ तो कोई नही दिखता...
वो अब नही रहती वहाँ...
वो खंबा, अपनी बुझी हुई रोशनी लेकर,
आज भी मौज़ूद है...
शायद वो भी मुन्तज़िर है मेरी तरह...
उसके लिए...

अब जब निकलता हूँ, तो लोगों से नज़र बचा के...
एक हसरत से उस दर को देखता हूँ,
जो उसका घर था...
के शायद गेट खुले...
और वो मुस्कुराती हुई मेरी तरफ बढ़ आए...
और हम फिर दिल की राहों पे,
एक दूसरे के साथ बहते चलें...

पर अब वहाँ कोई नही, सिर्फ़ एक सन्नाटा है, ...
मायूसी में, कुछ पल ठहर के,
ज़ख़्म-ए-दिल कुरेदता हूँ,

मुस्कुरा के अपनी नादानी पे,
भीगी पलकें पोंछते हुए,
अपनी ही तन्हाई की उंगली पकड़े...
वापस आ जाता हूँ...

कल फिर जाउँगा...
दर्द-ए-ज़ख़्म-ए-दिल की दवा ढूँढने...

वीरानियाँ

तेरा नाम, तेरी याद..
एक मिसरे की तरह अटकी है साँसों में,
मेरे अंदर की वीरानियों में, डूब के मरती भी नहीं,
नज़्म बन के, मेरे ज़ख्मों को महकाती भी नहीं,
बस, एकटक देखती रहती है मुझे हसरत से...

तुम्हारा तस्सव्वुर बहता है,
जिस्म की वीरान गलियों में,
दरिया की लहर जैसा...
बार-बार मुझे छू के लौट जाता है...
मैं और मेरा वो मिसरा,
एक आस पे जी रहें है शायद...
के किसी रोज़ ये हिज़्र का दरिया लांघ के,
मेरे दिल के वीरान जज़ीरे पे,
क़िस्मत की लहरें तुम्हे ला फेंकेंगी...

ख्वाहिशों की बस्ती फिर से आबाद होगी...शायद...

स्याह रातें

जागती आँखों से तेरे ख़्वाब बुन रहा था,
के तेरे तसव्वुर का एक बादल भिगो गया कल...

उस नम सी स्याह रात में,
अपने माज़ी के उस बुझते दिए को,
ओट में छुपा, सहलाता रहा...

महसूस हुआ,
के तुमने शायद याद किया हो मुझे,
एक अरसे में उस दिए की माध्यम लौ,
कल फिर से रोशन हुई...

क्या वाकई मेरा तसव्वुर तुम्हे छू के गुज़रा था...

एक बार बात करो, तो यकीं सा हो जाए...
सिर्फ एक बार...

मौसम की तपिश

ये मौसम की तपिश है...
या उसके हिज्र की खलिश...

एक धुआं सा है हर सू...
एक अलाव सा है मेरे अंदर...
तमन्नाओं की सूखी टहनियाँ...
तसव्वुर के फड़फड़ाते पत्ते...
चश्म-ऐ-तर से सींचे हुए...
आरज़ूओं की आंधी में सुलगते हों...

एक आतिश फ़िशां सा हो जैसे..
ये क्या है जो थमता नहीं है...
जल के बुझता भी नहीं है...
बस बहता रहता है मेरे अंदर...

ये सुलगता सा है जो...क्या है...

आस का तारा

बीती रात एक आस का तारा टूटा था...
अपनी आग में झुलसता आ के गिरा था,
मेरे जज़ीरे की गीली चट्टान पे...

बिखर गया...आग की किरचें सी फैल गयी...
कुछ समां गयीं लहरों में, और एक ही सिसकी में,
अपनी आरजुओं को धुआं दे गयीं...

और कुछ, देर तक सुलगती रही उस नम चट्टान पे...
जैसे दर्द बाँट रही हों...

सूरज के उफ़ुक़ पे आते आते,
सब की आस टूट गयीं थी...
बस कुछ गहरे ज़ख्म,
उस चट्टान के सीने पे रह गए थे...
जिन्हे दरिया बार बार आ के भिगो जाता था...

महसूस हुआ के, तेरे ख्यालों सी आती जाती वो लहरे...
मेरे दिल की चट्टान के उन ज़ख्मों को कुरेद रही हों
जैसे...

बेवफा

किरचें सी चुभती है पलकों में हर वक़्त,
ख्वाबों को मेरी आंख में, तोड़ा है किसी ने...

अकेला हूँ महफिलों में, उजालों से खौफ है,
रुस्वा कर, तन्हाई में, छोड़ा है किसी ने...

हर चेहरे में वो अक्स दिखता है अब 'बेदिल'
जलवा-ऐ-रुख दिखा के, मुंह मोड़ा है किसी ने...

तेरा शहर

तेरे शहर की वो अपनी सी गली,
जहाँ मिलकर बिछड़े तुमसे हम ।

एक टीस सी दिल में रहती है,
कुछ खोए से, कुछ गुम से हम ।

तू छोड़ गयी, मुँह मोड़ गयी,
क्यों बुझी आग में झुलसें हम ।

क्यों याद करें, क्यों ख़वाब बुने,
क्यों खेलें, "बेदिल", दिल से हम ।

बुझता चिराग

तुमको देखा नहीं कई दिन से ,
दिल धड़का नहीं, कई दिन से,
रोशनी ऐ इश्क़ तनहा कर गयी,
बुझता चिराग हूँ, कई दिन से...

चाँद तन्हा दिखा कई दिन से,
सितारे बुझे बुझे, कई दिन से,
चांदनी तीर सी चुभने लगी है,
घाव रिस्तें है अब कई दिन से...

तेरा तसव्वुर है कई दिन से,
हूँ मैं भी तन्हा कई दिन से,
सूखा दरिया दिखा तो ये सोचा,
मैं भी रोया नहीं कई दिन से...

हिचकियाँ रुकी रुकी कई दिन से,
नब्ज़ भी थमी थमी कई दिन से,
आके छू दो मुझे के जी उठूँ,
'बेदिल' लाश सा हूँ कई दिन से...

लाईलाज

दिल ये मेरा लाइलाज है...
अपने इश्क का ये क्या अंदाज है...
तू बजती है मेरे अंदर सांसों सी...
में एक साज़ सा, तू उसकी आवाज है...
दिल तो दोनो का लाइलाज है...

कच्चे घड़े

शब्-ऐ-तवील, वो दोनों, और वो एक लम्स...

आरज़ूओं की नदी,
कूद के उतरी थी कोहसार से...
और कच्चे किनारों के जैसे बहा ले गयी उन्हें...

वो दोनों, शायद कच्चे घड़े जैसे,
इसी इंतज़ार में थे के बह जाएँ, घुल जाएँ...
उस उफनते ख़वाहिशों के दरिया में...

वो जिस्म-ओ-जज़्बात की मिट्टी,
एक नया चेहरा पहन के, बहते हुए,
दूर किसी किनारे पे,
अपना नया घरोंदा तलाशती थीं...
जहाँ कोई बीन के,
फिर जुदा न कर सके उनको...

समंदर

उसकी आँखें गहरी थीं, समंदर से भी,
तैर सकते थे, पर डूब जाना, अच्छा लगा...
(अनाम)

फुरक़त ऐ आराइश के तन्हा लम्हो में,
तेरी याद का छम से आना, अच्छा लगा...

तुम्हे देख के वो नज़्में भी ग़मगीन थीं,
गर्म आंसू का गिरेबां भिगाना, अच्छा लगा...

ग़ज़ल कहने में दिल कुरेदता है "बेदिल",
लफ़्ज़ों में तेरा अक्स आना, अच्छा लगा...

आरजुओं के साथ

अपनी मायूसिओं का ये बोझ में कहाँ रखूं,
शब् ऐ तन्हाई में नज़्मों से बाँट लेता हूँ...

सफर-ऐ-इश्क़ में अब तू भी नहीं साथ मेरे,
आरज़ूओं चलो, तुमको ही साथ लेता हूँ...

चाँद ज़मीन पे

चांद उभरा था लाल बिंदी लगाए,
एक बार दिन में,
मंदिर के हवन के धुएं सा,
बस गया था आंखों में,
बैठ के साथ मेरे,
अपनी चांदनी में भिगो गया था,

अब चांद ज़मीं पे नहीं उतरता आजकल...

तेरे नाम के सिवा

तुमने जबसे मुखातिब होना छोड़ दिया...
तमाम ख़यालात उलझे हुएं हैं सीने में ।
एक नज़्म बन के उभरती है कि,
ख्वाहिशों के आईने की तरह,
टूट के बिखर जाती है।
कुछ लिखने बैठता हूँ तो,
रुकी रुकी साँसों के जैसे,
हाँथ भी रुक से जाते हैं...
और ये मिसरे भी,
मेरी तरह आधे अधूरे से लगते हैं...
लफ्ज़ तो बिखरे हुएं हैं हर सू,
मायूसी की तरह...

सब कुछ तो अधूरा है मेरे आस पास...
एक तेरे नाम के सिवा...
एक तेरी याद के सिवा...

खवाहिश

एक खवाहिश ही सी है जो रह गई है,
जिंदगी तो सांसों के साथ बह गई है..

सदाएं, सन्नाटे न जाने क्या बुदबुदाते थे,
हसरतें उफनती थीं, हौसले छलांग लगाते थे..
अपने खवाबों की तितली की उड़ान क्या थी,
अपनी इमारत के आगे, वो छोटी मचान क्या थी..

खुद से इश्क में, अपने कहीं खो गए,
बगीचा-ए-सुकून में, जहर हम बो गए..
अब चले हैं, हाथ खुद का थाम के तन्हाई में,
मुंह छुपा के जीते हैं, अब क्या करें रुसवाई में..

हकीकत चुपके से मुझसे कह गई है..
एक खवाहिश ही सी है जो रह गई है,
जिंदगी तो सांसों के साथ बह गई है....

अब इजाज़त दीजिये (Epilogue)

जैसे ही नज़्मों का यह सिलसिला ख़त्म होता है, मैं खुद को उस सफर के बारे में सोचता हुआ पाता हूं, जिसने इन अश्यारों को मेरी ज़िन्दगी में जगह दी। नज़्म एहसास करना और उसे एक शक्ल देना, मुश्किल काम है। ये अपने तजुर्बों, एहसासों और ख्वाहिशों को पकड़ने का एक तरीका है, जो अक्सर रोजमर्रा की बातचीत से बच जाता हैं। इस किताब की हरेक नज़्म मेरा एक हिस्सा है, दुनिया और उसमे मेरी जगह को समझने की एक कोशिश है।

शायरी, ज़िन्दगी की तरह, लगातार तरक़्क़ी-आफ़ता है, और इसमें हमेशा कैद करने के लिए नए एहसास और बताने के लिए नए तजुर्बे होते हैं। में अपनी ज़िन्दगी में आने वाले तजुर्बों को आपके साथ बांटने के लिए, अपनी ये कोशिश जारी रखूँगा।

नवीन "बेदिल"